Oui-Oui

et la fête de Miniville

⊞ hachette s'engage pour
l'environnement en réduisant
l'empreinte carbone de ses livres.
Celle de cet exemplaire est de :
150 g éq. CO_2
Rendez-vous sur
www.hachette-durable.fr

PAPIER À BASE DE
FIBRES CERTIFIÉES

OUI-OUI ET LA FÊTE DE MINIVILLE Texte et illustrations
© 2014 Classic Media Distribution Limited. Tous droits réservés.
Oui-Oui™ © 2014 Hachette Livre.
Adaptation française : Anne Marchand Kalicky
Édité par Hachette Livre – 43 quai de Grenelle, 75905 Paris Cedex 15
ISBN : 978-2-01-227597-3 – Édition 01. Dépôt légal : Janvier 2014
Loi n°49-956 du 16 juillet 1949 sur les publications destinées à la jeunesse.
Achevé d'imprimer en Espagne en Décembre 2013 par Orymu.

Mes premières histoires

Oui-Oui™

et la fête de Miniville

hachette
JEUNESSE

Aujourd'hui, c'est un grand jour à Miniville.

Oui-Oui a organisé la fête de l'été.

Pour tous les habitants,

c'est l'événement de l'année !

– Allez Zim, en route ! Nous avons

plein de choses à préparer, dit-il gaiement.

Ils montent aussitôt dans le petit taxi
et filent chez Mirou. Au milieu de son salon,
l'oursonne termine ses invitations.
– Un dernier coup de tampon et c'est prêt.
Mirou est très appliquée. Elle veut que tout
soit parfait.

Oui-Oui commence la distribution.

Pas un habitant ne doit être oublié.

Mais catastrophe ! Les deux affreux

lutins ne sont pas loin…

Dès que Oui-Oui a le dos tourné,

ils en profitent pour voler

tout le paquet d'invitations.

Heureusement, Oui-Oui a une autre idée
et emprunte alors le micro de Mirou.
– Mesdames et Messieurs ! annonce-t-il,
je vous donne rendez-vous devant
le salon de thé pour le départ
du défilé de l'été.

Grâce à Oui-Oui, tous les habitants
ont répondu présents.
Roulements de tambour et sifflements,
la parade va commencer !
En tête du cortège : Mme Laquille, Whiz
et les poupées. Chacun porte un portrait
de son voisin préféré.

Puis vient le tour des soldats de bois.

Dirigés par Oui-Oui, ils avancent au pas.

Ils ont un grand sourire et se mettent

à applaudir :

– Vive l'été ! Vive Miniville et le Pays

des Jouets !

M. Jumbo, Lindy et Souriceau dansent
dans la foule, suivis par Potiron,
M. le Gendarme et M. Culbuto.
Les poupées jonglent avec des pompons
et chantent en chœur :
– 1, 2, 3 ! Avec nous, venez célébrer
la grande fête de l'été !

La musique bat son plein au grand désespoir des affreux lutins ! Cachés derrière un buisson, ils assistent à la fête.

– Grrr… le rigolomètre indique JOIE. C'est encore raté pour cette fois ! rouspète Sournois.

Enfin Mirou arrive dans un char étincelant.

Surprise ! Elle a décoré le taxi de Oui-Oui.

Avec ses fleurs, ses ballons et ses rubans,

la petite voiture a fière allure !

– Hourra Mirou ! Hourra Oui-Oui !

Grâce à tous les participants,

la fête de l'été est un immense succès !

Mes premières histoires

Retrouve tous les titres

Oui-Oui et la fête de la musique

Oui-Oui et les lutins

Oui-Oui et le train de Miniville

Oui-Oui et le spectacle de cirque

Oui-Oui et les pirates

Oui-Oui fête l'anniversaire de Whiz

Oui-Oui et la chasse aux lutins

Oui-Oui joue à cache-cache

Oui-Oui et le concours de cuisine

Oui-Oui et la course de voitures

Oui-Oui et la fête des fées

Oui-Oui fait des bêtises

de cette collection !

Mes premières histoires
Oui-Oui
et le tour de magie

Mes premières histoires
Oui-Oui
jardine

Mes premières histoires
Oui-Oui
et les sirènes

Mes premières histoires
Oui-Oui
et son petit taxi

Mes premières histoires
Oui-Oui
part en vacances

Mes premières histoires
Oui-Oui
et la fête des mamans

Mes premières histoires
Oui-Oui
fête Noël

Mes premières histoires
Oui-Oui
et les clowns

Mes premières histoires
Oui-Oui
joue dans le jardin

Mes premières histoires
Oui-Oui
joue au football

Mes premières histoires
Oui-Oui
pique-nique

Mes premières histoires
Oui-Oui
construit une maison